Die Hanse in Ostwestfalen-Lippe

Der größte Hansetag aller Zeiten hat gerade erst im September 1988 in Köln stattgefunden. An ihm nahmen Vertreter von rund 100 ehemaligen Hansestädten aus 10 Ländern teil. In seiner Blütezeit gehörten dem Städtebund der Hanse mehr als 200 Mitglieder an, darunter allein aus dem heutigen Nordrhein-Westfalen rund 30 Städte. Warum fasziniert uns die Hanse heute noch, mehr als 300 Jahre nachdem sie 1669 auf dem letzten Hansetag zu Grabe getragen wurde? Sie war sicher nur entfernt so etwas wie eine mittelalterliche europäische Gemeinschaft: ohne Agrarüberschüsse und Butterberge, aber ein genau kalkuliertes und erfolgreiches wirtschaftspolitisches Schutzbündnis über fünf Jahrhunderte, an dem sich die Städte beteiligten, solange sie sich Vorteile davon erhoffen konnten.

Was die Hanse war, läßt sich nur schwer beschreiben. Sie war ein Bund, der nach und nach entstand, keine geschriebene Verfassung, keine eigene Verwaltung, aber dennoch einen enormen Einfluß auf den freien Handel seiner Mitgliedstädte und auf deren Schutz hatte.

1161 begann die Hanse als „Genossenschaft der Gotland besuchenden deutschen Kaufleute". Mit der Zeit entwickelte sie sich (in der Bibelübersetzung Wulfilas wird der Begriff für eine „bewaffnete Schar" verwendet) immer stärker von einer kaufmännischen zu einer städtischen Verbindung. Die 1356 in Lübeck abgehaltene Versammlung ging als der erste allgemeine Hansetag in die Geschichte ein, da dort erstmals alle Städtegruppen vertreten waren. Nur ein Jahr später beschloß die Städtehanse in Lübeck, daß niemand in den Genuß der Privilegien und Freiheiten der Deutsch[...] solle, der nicht Bürger einer Stad[...] schen Hanse sei.

Der Hansetag, die Hauptversam[...] Städte, die dem Hansebund ange[...] schied über alle wichtigen, die G[...] betreffenden Angelegenheiten. Lüb[...] trotz mancher Anfechtungen von anderer Seite stets der Kopf der Hanse, die sich regional gliederte: in das lübisch-sächsische, das westfälisch-preußische und das gotländisch-livländische Drittel. Das westfälisch-preußische Drittel wurde zunächst von Dortmund, später von Köln

1

geführt. Hierzu zählten auch die Mitgliedstädte aus dem heutigen Ostwestfalen-Lippe. Den Höhepunkt ihrer Entwicklung erlebte die Hanse im 15. Jahrhundert, in dem sie sowohl wirtschaftlich als auch von ihrer Wehrhaftigkeit (eigene Streitkräfte!) ein europäischer Machtfaktor war.

Die im folgenden Jahrhundert zu beobachtende Auseinanderentwicklung der Hanse hatte mehrere Gründe: zum einen profitierten Binnenstädte und Seestädte zunehmend unterschiedlich vom Hansebund — so verschoben sich für die Binnenstädte die Akzente vom Osthandel zum Westhandel hin —, zum anderen belasteten Alleingänge einzelner Städte und Städtegruppen den Zusammenschluß. Die Bedeutung der Hanse ließ daher bereits in der zweiten Hälfte des 16. Jahrhunderts nach, trotz wirtschaftlicher Hochkonjunktur ihrer Mitgliedstädte. Den äußeren Schlußpunkt für den Hansebund brachte dann der Dreißigjährige Krieg. Der letzte, von Lübeck einberufene Hansetag 1669 sah nur noch Vertreter von neun Städten. Damit gehörte die Hanse der Geschichte an.

Ihre Spuren sind noch heute in dem städtebaulichen Bild und den überlieferten Baudokumenten sichtbar. In den Hansestädten hat sich die Baukunst im 14. bis 16. Jahrhundert besonders reich entfaltet. Für Kirchen, Profan- und private Bürgerbauten haben die wohlhabend gewordenen Kauf-, Handels- und Handwerksleute

erhebliche finanzielle Mittel aufgebracht. Wenngleich man nicht unmittelbar von hansischer Architektur sprechen kann, so sind doch typische Bauformen und baustilische Elemente dieser Zeit auffallend. Sie zeigen sich besonders an den in Formen der Gotik und Renaissance gestalteten Rathäusern und an den stattlichen Bürgerbauten, die gleichzeitig als Wohnung und für das gemeinschaftliche Leben bei besonderen Anlässen (in der Großfamilie) dienten und auch als Arbeitsstätte und für die Lagerung von Waren genutzt wurden. Solche Beispiele sieht man auch in den in dieser Route zusammengefaßten Städten, auch wenn sie nicht zu den ganz großen Hansestädten des Mittelalters gehört haben.

Zahlende und stimmberechtigte Mitgliedstädte der Hanse aus dem Bereich Ostwestfalen-Lippe waren Bielefeld, Brakel, Herford, Lemgo, Minden, Paderborn, Warburg und Wiedenbrück — allesamt heute noch sehenswerte Städte. Von — relativ gesehen — herausragender Bedeutung innerhalb des Hansebundes waren im Kreis dieser Städte seinerzeit wohl nur Paderborn und Lemgo. Wenn wir auf dieser Route den Besuch der Städte Warburg, Brakel, Lemgo und Minden empfehlen, so dann, weil sich gerade in diesen Städten heute noch Spuren der Hanse zeigen lassen und sich die wirtschaftliche Blüte der Hansezeit in deren Bauten nachvollziehen läßt.

Siegel von Warburg — Altstadt und Neustadt — unter dem „Groten Breff" 1436

Warburg

Auf den Spuren der Hanse soll unsere erste Station Warburg sein. Den Besucher des 950 Jahre alten Warburgs erwartet ein geschlossenes, mittelalterliches Stadtbild, das zu den schönsten Westfalens gehört.

Geschichte

Die beiden damals noch selbständigen Städte Warburg, Altstadt und Neustadt, nahmen bereits 1364 an einer Versammlung des Hansebundes in Köln teil. Um das Jahr 1436 vereinigten sich Alt- und Neustadt zu einer Stadt. Der „Grote Breff" — die Vereinigungsurkunde der beiden Städte — benennt als die bedeutendsten Gilden die Kaufmannsgilde, das Wollweberamt und das Lohgerberamt.

Die Kaufmannsgilde war die vornehmste und einflußreichste Gilde. Sie befaßte sich vorwiegend mit dem Handel von Tuchen, Leinwand, Wolle, Garn, Fellen und Leder. Die günstige geographische Lage Warburgs am Hessenweg — einer Handelsstraße, die durch die Furt der Diemel, weiter über den Hellweg nach Holland führte — bot eine gute Wirtschaftsbasis und Grundlage dafür, daß sich hier Fernhändler ansiedelten.

Die wachsende Bedeutung des Handels zwang die Warburger Kaufleute und Stadtherren, sich der Hanse anzuschließen, um deren Privilegien zu genießen. Zunächst galt dies für den Osthandel über Lübeck und später — als das nicht mehr so lukrativ für die Warburger war — in Richtung Holland.

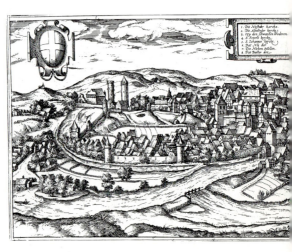

Zwischen 1364, dem nachweislich ersten Auftreten Warburgs, und 1620, der letzten Erwähnung Warburgs auf einem Hansetag, lagen 1518 Ausschluß und 1540 erneute Aufnahme sowie 1576 und 1591 selbsterklärte Austritte der Stadt an der Diemel. Grund für die Austritte war wohl der jeweils von der Mitgliedschaft in der Hanse erwartete Nutzen im Vergleich zur Höhe der veranschlagten Kosten, die Hansetage zu besenden.

Zahlreiche Eintragungen in Schuld- und Bürgerbüchern des Ostseeraumes aus dem 13. und 14. Jahrhundert (Lübeck, Riga, Nowgorod) weisen Namen Warburger Bürger auf. Sie legen Zeugnis ab vom regen Osthandel Warburger Kaufleute. Im 16. Jahrhundert verlagerte sich der Schwerpunkt des Handels nach Holland.

Viele Kurszettel der Stadt Warburg, mit denen die Wechselkurse am Markttage festgelegt wurden, belegen besonders enge wirtschaftliche Beziehungen zwischen Warburg und dem holländischen Deventer.

Das Vermögen, das die Warburger Kaufleute aus diesem Handel erwarben, dokumentierte sich in der regen Bautätigkeit während der Hansezeit. Trotz zahlreicher Brände und Kriege — vor allem der Dreißigjährige und der Siebenjährige Krieg zerstörten viel Substanz — sind noch zahlreiche Bauten aus der Zeit vor 1600 erhalten, die den Wohlstand und die wirtschaftliche Blüte Warburgs in der Hansezeit belegen.

Wenngleich sich diese Bauten im Laufe der Jahrhunderte mehr oder weniger verändert und ihre ursprüngliche Zweckbestimmung längst

Historische Stadtansicht Warburgs

verloren haben, bestimmen sie noch heute weitgehend das mittelalterliche Bild der Stadt. Darüber hinaus vermitteln manche Häuser auch im Innern noch eine Vorstellung von den damaligen Wohnverhältnissen und dem kaufmännischen Leben und Treiben der Bürger in dieser Zeit.

Rundgang

Ausgangspunkt ist der **Altstädter Markt,** woselbst und in unmittelbarer Umgebung auch Parkmöglichkeit gegeben ist.

Orientierungsplan Warburg

1. Altstädter Rathaus

Das ehemalige Rathaus der Altstadt, ein langgestrecktes zweigeschossiges Steinhaus, liegt an der Nordseite des Marktplatzes. Nach einer dendrochronologischen Untersuchung des Dachstuhles stammt das Gebäude aus dem Jahre 1336.

Warburg, Altstädter Rathaus

Im Rahmen einer durchgreifenden baulichen Sanierung 1968/69 ist — insbesondere durch Wiederherstellung der nach Befunden rekonstruierten Staffelgiebel und der zweiläufigen Freitreppe an der Marktseite — die historische Baugestalt des Hauses weitgehend wiedergewonnen worden. Nach neuerlichen baugeschichtlichen Forschungen befanden sich im Mittelalter im Hauptgeschoß des Hauses wahrscheinlich eine Markt- und Kaufhalle sowie die Stadtwaage, während ein großer Saal im Obergeschoß für die regelmäßigen Versammlungen, Verwaltungs- und Repräsentationsaufgaben des Stadtrates zur Verfügung stand. Dieser Raum wurde auch für öffentliche und private Feste und Feierlichkeiten genutzt. Nach der Errichtung des neuen „Rathauses zwischen den Städten" verlor das Altstädter Rathaus später seine Funktion als Rats- und Gerichtshaus. Seine Aufgabe als städtisches Festhaus, Kaufhalle und Lagerhaus behielt es aber noch weiterhin bei, bis es 1825 in private Hand veräußert wurde.

Im Sichtbereich des Marktplatzes an der Ecke Klockenstraße/Lange Straße steht das sog.

2. **Eckmännchen-Haus,** Lange Straße 2

Aus einer Inschrift auf der Speicherstockschwelle geht hervor, daß es 1471 erbaut wurde. Das Haus diente früher der Bäckergilde für Versammlungen und als Wohnung des Gildemeisters. Infolge mehrfacher Umbauten ist das ursprüngliche innere Baugefüge (hohe Mitteldeele mit zweigeschossigen Seitenteilen) nicht mehr ohne weiteres erkennbar. Auch das heutige Äußere des Hauses ist gegenüber der alten Bauform des Mittelalters stark verändert. An die frühere Funktion des Hauses erinnern noch drei geschnitzte Wecken im Schriftbalken und ein geschnitzter Brezel an dem 1560 errichteten Hinterhaus. An den Eckknaggen des Obergeschosses zum Marktplatz hin sind noch die sog. „Eckmännchen", zwei geschnitzte und bemalte Figuren in der gotischen Tracht des 15. Jahrhunderts, zu sehen. In dem Haus befindet sich heute eine Gaststätte.

Unser Rundgang führt uns weiter über die Bernhardistraße zum

3. **Arnoldihaus,** Bernhardistraße 2

Das Haus zeigt sich als stattliches Fachwerkgiebelhaus in der Form des spätgotischen Flettdeelenhauses. Nach der Inschrift im Türbalken wurde es 1513 erbaut. Vier große Speicherböden weisen darauf hin, daß es im Mittelalter

wohl von einem Getreidegroßhändler als Wohnung und Getreidelagerstätte genutzt wurde.
Bei der Erneuerung des Hauses und dem Durchbau für die neue Zweckbestimmung als Gemeindehaus der kath. Altstädter Kirche (1970–1972) ist der ehemalige Zustand im Innern mit der großen hohen Deele, ihren seitlichen zweigeschossigen Einbauten und dem großen offenen Kamin an der Stirnseite erhalten geblieben. Der rückwärtig anschließende Teil des Hauses zeigt ein wesentliches Merkmal dieses mittelalterlichen Bürgerhaustypes, einen zweigeschossigen steinernen Anbau mit zwei übereinander liegenden Sälen und Mittelsäule.

4. **Eisenhoithaus,** Bernhardistraße 12

Das sog. Eisenhoithaus ist Restteil eines größeren, mit Speicherstock versehenen Bürgerhauses, das nach der Inschrift im Torbalken 1526 erbaut wurde. Auf den seitlichen Bogenbändern ist in großen lateinischen Buchstaben der Name JASPAR ISERENHOD eingeschnitzt. Dabei soll es sich um den Vater des berühmten Silberschmieds und Kupferstechers Anton Eisenhoit, der von 1553 bis 1603 gelebt hat und hier gestorben ist, handeln.

5. **Glockengießerhaus,** Bernhardistraße 23
Dieses große Fachwerkgiebelhaus mit vorkragendem Speicherstock und vierfach auskragendem Giebel wurde 1578 erbaut. Der Giebel und die freistehende Traufseite sind mit Schnitzereien und Bemalungen der hölzernen Brüstungsplatten reich geschmückt.
Wenn Sie von der Bernhardistraße in die Schwerte einbiegen, sehen Sie im Anschluß an das Fachwerkhaus ein Steingebäude mit zwei hohen Staffelgiebeln aus dem 15. Jahrhundert.

Unser Rundgang führt weiter über die von Fachwerkbauten begrenzte „**Schwerte**" und über die zur Burg hin stark ansteigende **Sackstraße.** Ein kleiner Abstecher nach links zur Erasmuskapelle auf dem ehemaligen Burggelände ermöglicht eine reizvolle Aussicht auf die Kirchen und Häuser der Neustadt und auf das „zwischen den Städten" gelegene neue Rathaus. Von der Sackstraße aus führt der Weg nach rechts in Gegenrichtung zum **Brüderkirchhof.** Von hier aus haben wir einen schönen Ausbick auf die Altstadt mit den noch erhaltenen Türmen der früheren Stadtbefestigungsanlage und Resten der alten Burganlage.

Warburg, Bernhardistraße

6. **Rathaus zwischen den Städten**

An der Grenze zwischen Altstadt und Neustadt, über den alten Stadtmauern am früheren Liebfrauentor, entdecken wir das nach der Vereinigung der beiden Städte 1568 entstandene gemeinsame neue Rathaus. Im Erdgeschoß des zweigeschossigen Massivbaus ist eine an drei Seiten durch Bögen geöffnete Durchgangslaube mit Tor angelegt. Um den Bau nach seiner im 17. Jahrhundert verlorengegangenen Zweckbestimmung wieder als Rathaus der Stadt Warburg nutzbar zu machen, ist 1902 ein Umbau vorgenommen worden. Dabei wurde die ursprüngliche Aufteilung des Innern verändert und das stilistisch gut angepaßte Fachwerkobergeschoß mit Krüppelwalmdach und Dachreiter aufgesetzt. Im städtischen Museum, Sternstraße, ist noch ein Foto des früheren Bauzustandes ohne Fachwerkaufbau zu sehen.

Vom neuen Rathaus geht es weiter zum Marktplatz in der Neustadt. Hier befand sich früher das Neustädter Rathaus, das im 13. Jahrhundert erbaut und nach seiner Zerstörung im Siebenjährigen Krieg 1803 abgebrochen wurde. Eine Bronzeplatte auf dem Marktplatz weist auf Standort und Grundriß hin.

Warburg, Fachwerkhäuser in der „Schwerte"

Warburg, Blick auf die Dominikanerkirche

7. **Hotel „Alt Warburg"**, Kalandstraße 11
Dieses Fachwerk-Giebelhaus, erbaut 1519/20, war ursprünglich, ähnlich wie das Arnoldihaus, als Flettdeelenhaus angelegt. Bei dem Umbau 1980/81 wurde die frühere Deele erhalten und als Gastraum des Hotels ausgebaut.

8. **Böttrichsches Haus**, Sternstraße 13
Das 1558 erbaute Haus Böttrich ist ein Beispiel für das durch wirtschaftliche Erfolge und wachsenden Reichtum in der Zeit der Hanse hervorgerufene Repräsentationsbedürfnis der Warburger Bürger. Das stattliche dreigeschossige Giebelhaus mit vorkragendem Speicherstock und dreifach ausgekragtem Giebel entspricht in seiner Grundkonzeption noch dem Typ des Flettdeelenhauses mit rückwärtigem großem Saal über einem halbeingetieften Keller.
Das Äußere des Hauses ist jedoch viel aufwendiger gestaltet als die sonstigen Anfang des 16. Jahrhunderts erbauten Warburger Bürgerhäuser. Auch im Innern zeigt es einen differenzierteren Ausbau und eine reichere Ausstattung als die früheren Wohn- und Wirtschaftsgebäude, wie z. B. das Arnoldihaus. Der Giebel ist reich

Warburg, Böttrichsches Haus

geschmückt mit bemalten Ornamenten und Schnitzereien und zeugt von dem Wohlstand und dem künstlerischen Interesse des Erbauers.

Von besonderem Reiz ist die figürliche Darstellung an den äußeren Ständern der Nordwestecke des Speicherstockes. Es handelt sich um zwei Männer in Landsknechtstracht mit Hellebarden, denen von zwei modisch gekleideten Frauen ein Kelch gereicht wird. Nach mancherlei Veränderungen und Umbauten im Innern während der vergangenen Jahrhunderte ist das bedeutende Fachwerkgebäude 1979–1981 denkmalpflegerisch restauriert und als kath. Pfarrgemeindehaus der Neustadtkirche ausgebaut worden.

9. **Haus zum Stern,** Sternstraße 35

Soweit bekannt, handelt es sich hier um das älteste Steinhaus Warburgs, aus der 1. Hälfte des 14. Jahrhunderts. Anfangs in Privatbesitz, nahm es 1622 Nonnen des Zisterzienserordens auf, nachdem deren Kloster in Wormeln zerstört worden war. Das heutige Erscheinungsbild des Hauses ist geprägt durch den Umbau und die äußere Umgestaltung im 18. Jahrhundert; diese baulichen Veränderungen wurden – wie aus einem Chronogramm über der seitlichen

Warburg, Städtisches Museum im Haus zum Stern

Barocktür hervorgeht — 1755 durch die Klosterfrauen und später im Jahre 1787 nochmals durch die Familie Rosenmeyer, die inzwischen in den Besitz gelangt war, vorgenommen. Im Giebel sind an einigen Stellen noch Reste der mittelalterlichen Gestalt des Gebäudes zu erkennen.
Das Haus befindet sich heute im Eigentum der Stadt Warburg und ist 1988 als Stadtarchiv und Museum eingerichtet worden.

Das Städtische Museum in der Sternstraße 35 ist geöffnet Di. bis Fr. von 14 bis 17 Uhr, Sa. und So. von 10 bis 13 Uhr.
Hier im Museum erhält der Besucher anhand von Beschreibungen, Bildern, Karten, Urkunden und historischen Ausstellungsstücken einen anschaulichen und umfassenden Überblick über die gesamte Geschichte der Stadt und ihre bauliche Entwicklung. Ein besonderer Abschnitt im Ausstellungsblock 3.2 umfaßt die Zeit der Hanse.

Weitere Informationen erhalten Sie außerdem beim Verkehrsamt im „Rathaus zwischen den Städten", das während der normalen Bürozeiten geöffnet ist. Hier können Sie auch Stadtführungen vereinbaren. Tel.-Nr. (0 56 41) 9 25 62.

Hinweise

Über die gut ausgebaute Ostwestfalenstraße geht es weiter nach

Brakel

Geschichte

836 wird Brakel erstmals erwähnt, 1229 urkundlich als Stadt bezeichnet. Bereits im 11. Jahrhundert verfügte es über eigene Zoll- und Marktrechte und eine Münzstätte. Durch die Lage am Hellweg begünstigt, hatten Fernhändler an der Entwicklung Brakels entscheidenden Anteil. Im 13. und 14. Jahrhundert hatte sich die Stadt wesentlich durch die fernhändlerischen Aktivitäten bis in die Hansestädte des Ostseebereiches hinein ihren Aufschwung ermöglicht. Da es frühzeitig den Vorteil eines Beitritts zur Hanse erkannte, wurde Brakel, auch dank seiner relativ wohlhabenden Kaufmannschaft, schon 1413 Mitglied der Hanse. Dennoch hatte Brakel — wie Warburg in der Hansestruktur Paderborn untergliedert — keine große Bedeutung im Hansebund. Die Stadt ist vielmehr ein typisches Beispiel für viele Mitglieder der Hanse, die innerhalb des Hansebundes ohne großes politisches Eigengewicht unter dem „Schutzschild" Hanse wirtschaftlich florierten und so lange Mitglied blieben (bis 1567), wie es dem eigenen Vorteil diente.

Zeugen dieser wirtschaftlichen Blüte sind in Brakel heute noch das am Markt angesiedelte Rathaus, die „Alte Waage" und andere mittelalterliche Bauten.

Brakel, Rathaus von Norden

Kellergewölbe im Rathaus Brakel

1. Rathaus

Deutlicher Ausdruck kaufmännischen Reichtums und Selbstbewußtseins ist das Rathaus. Der spätgotische, langgestreckte Bau mit gezierten Staffelgiebeln an der Nord- und Südseite ist um 1500 entstanden und im 16. Jahrhundert weiter ausgebaut und erweitert worden. Dies beweist die Jahreszahl 1573 über dem kunstvoll gestalteten Renaissance-Portal im Südgiebel. Das gleiche Datum wurde bei der Freilegung einer Renaissance-Ausmalung auf dem Schlußstein im Kellergewölbe am Nordende des Rathauses vorgefunden.

Nach mehrfachen Umbauten im Laufe der Jahrhunderte, Veränderungen der Raumaufteilung und der äußeren Gestalt ist das Haus in der Mitte der sechziger Jahre durchgreifend saniert, denkmalpflegerisch restauriert und im Innern wieder als Rathaus nutzbar gemacht worden.

Bei der äußeren Instandsetzung im Rahmen dieser Arbeiten kamen unter dem Putz an beiden Giebeln Teile der zu dieser Zeit vermauerten gotischen Kreuzstockfenster und der großen spitzbogigen Maßwerkfenster zutage; sie konnten anhand der Befunde einwandfrei rekonstruiert und wieder geöffnet werden. Rekonstruktion und Vergleich ergaben, daß die monumentalen Maßwerkfenster in Abmessung, Proportion und Maßwerksystem weitgehend den Fenstern des im 14. Jahrhundert entstandenen Choranbaus der benachbarten Kath. Pfarrkirche St. Michael entsprachen.

Rundgang

Brakel, Alte Waage

2. Alte Waage

Seitlich vom Rathaus erhebt sich der spätgotische Treppengiebel der sog. Alten Waage. Das ursprünglich aus dem 14. Jahrhundert stammende steinerne Wohnhaus der Familie von Modegsen hat im Laufe seiner bewegten Geschichte mehrfach die Besitzer gewechselt und verschiedenen Funktionen gedient. 1553 hat die Stadt es erworben, um das Haus aufgrund der wirtschaftlichen Blüte als Lagergebäude für Korn und später als Stadtwaage zu nutzen. Im Laufe seiner Geschichte diente die Alte Waage noch als Gefängnis und für weitere städtische Zwecke. Infolgedessen wurde das Haus auch baulich immer wieder verändert.

Bei baugeschichtlichen Untersuchungen sind zwar zahlreiche Spuren und Reste früherer Bauzustände gefunden worden, doch lassen diese eine schlüssige Gesamtkonzeption im Innern nicht mehr erkennen.

So wurde das Haus 1977–1980 im Rahmen der baulichen Sanierung gewissermaßen als Dependance des Rathauses mit städtischem Archiv und Ratssaal umgebaut. Gleichzeitig wurde der im hinteren Hausteil entdeckte Gewölbekeller wieder zugänglich und für besondere Zwecke nutzbar gemacht. Nach langem Bemühen konnte anhand einer im Städtischen Archiv vorgefundenen Bestandszeichnung von 1870 und aufgrund der örtlichen Befunde am Bau der Staffelgiebel des früheren Wohnhauses der Ritter von Modegsen rekonstruiert und wiederaufgebaut werden. So treten am Marktplatz im Mittelpunkt der Stadt mit dem Rathaus und der Alten Waage heute wieder zwei bedeutende Zeugnisse der Stadtgeschichte imponierend in Erscheinung.

3. Haus des Gastes

Auch das Haus des Gastes hat — schon wegen seiner hervorragenden Lage an der östlichen Seite des Marktplatzes gegenüber dem Rathaus — stadtgeschichtliche Bedeutung. Aufgrund von bodenkundlichen Erkenntnissen geht die Baugeschichte auf diesem Grundstück bis ins 13. Jahrhundert zurück.

Nach mündlicher Überlieferung soll an dieser Stelle im Mittelalter die alte Münze gestanden haben.

Wenngleich hierzu keine gesicherten Nachweise vorliegen, so ergibt sich doch aus Grabungen, die 1982 im Rahmen der baulichen Sanierung und des Umbaus zum Haus des Gastes stattgefunden haben, daß das heute bestehende Gebäude — vermutlich aus dem Anfang des 19. Jahrhunderts — schon mittelalterliche Vorgängerbauten hatte.

Hier im Haus des Gastes findet man weitere Informationen über Sehenswürdigkeiten und historische Bauten sowie Stadtführer und nähere Ausführungen über die mittelalterliche Stadtgeschichte.

Hinweise

Rathauskeller zu besichtigen während der allgemeinen Öffnungszeiten der Stadtverwaltung nach Anmeldung an der Telefonzentrale, Tel. (0 52 72) 60 90.

Alte Waage von innen zu besichtigen nach vorheriger Anmeldung bei der Stadtverwaltung.

Haus des Gastes

In der Zeit vom 1. 4. bis 30. 9.
Mo.–Fr.   8.30 – 13.00 Uhr,
             14.30 – 18.00 Uhr,
In der Zeit vom 1. 10. bis 31. 3.
Mo.–Fr.   8.00 – 13.00 Uhr,
             14.00 – 16.30 Uhr,
mittwochs nachmittags geschlossen.
Freitags bis 13.00 Uhr geöffnet.

Nähere Auskünfte

Städt. Verkehrsamt Brakel
Haus des Gastes, Am Markt, 3492 Brakel
Tel. (0 52 72) 6 09/2 69

Auch unsere nächste Station, die Alte Hansestadt

Lemgo

Geschichte

erreichen wir über die Ostwestfalenstraße.
Lemgo, um 1190 durch Bernhard II., Edler Herr zu Lippe, gegründet, wird urkundlich erstmals als Limgaure (1005) und Limga (1011) erwähnt. Planmäßig durch seinen Gründer angelegt, erhält Lemgo schon bald städtische Rechte verliehen. Die älteste erhaltene Stadtrechtsurkunde, 1245 (nach Soester Recht), stammt von Bernhard III. zu Lippe.
Schon um diese Zeit müssen Lemgoer Fernhändler und Kaufleute eine besondere Rolle in der Stadt gespielt haben. Darauf deuten der Baubeginn der Nicolaikirche (Nikolai = Patron der Kaufleute und Seefahrer) Anfang des 13. Jahrhunderts und die zur gleichen Zeit nachgewiesene Münzstätte ebenso hin wie das durch Bernhard III. 1253 geschaffene Privileg, das die Tuchverkäufer in Lemgo begünstigte. Dieser Akt von Wirtschaftsförderung stimulierte den

Markt mit seinen ausländischen Tuchen, und bald schon war Lemgo Mitglied der Hanse.
Der erste konkrete Hinweis auf diese Mitgliedschaft datiert zwar erst vom 4. Oktober 1295. Damals hatte Lemgo — wie andere ostwestfälische Städte auch — beim Streit um die Zugehörigkeit des Handelskontors in Nowgorod für Lübeck und gegen Wisby gestimmt. Aus der Urkunde hierzu ergibt sich, daß Lemgo schon früher der Hanse zugehörte.
Die Privilegien, die die Kaufleute in Lemgo genossen, führten dazu, daß sie den Markt der Altstadt lange ausschließlich beherrschten und damit zugleich entscheidenden wirtschaftlichen und politischen Einfluß besaßen. Dies änderte sich allmählich, nachdem 1315 die Verfügungsgewalt über den Markt an den Rat der Altstadt überging und die Bürger der Neustadt, vornehmlich Handwerker, Zugang zum Altstadtmarkt erhielten. Die Neustadt — Mitte des 13. Jahrhunderts baulich an die Altstadt angegliedert — war eine eigenständige Stadt, seit 1283 mit eigenem Stadtrecht, eigenem Rathaus und eigener Stadtmauer versehen, bis sich 1365 Alt- und Neustadt Lemgo zu einer Stadt vereinigten.

Lemgo, Rathaus und Kirchtürme St. Nicolai

Lemgoer Kaufleute wurden im 13. und 14. Jahrhundert in Stralsund, Thorn, Wisby auf Gotland, Riga, Reval und Stockholm ansässig. Lebhafte Handelsbeziehungen bestanden zu den großen Hansestädten des Nordens, besonders nach Bremen, und nach Westen, vor allem nach Elberfeld, auch zu den Niederlanden, Flandern und sogar nach England. Gehandelt wurde im wesentlichen mit flandrischen Tuchen und Wolle, die von Lemgoer Tuchwebern zur berühmten Lehmschen Wand (Tuch) verarbeitet wurden. Aus den Werkstätten der Leineweber wanderten gesponnene Garne für die Brabanter Spitzen und lippische Leinwand in die Niederlande. Im Gegenzug bereicherte der Handel mit Nahrungsmitteln die einheimische Palette der vor allem als Fastenspeise geschätzten heimischen Fische um Seefische: Heringe, Stockfische, Bücklinge und Schollen, auch gedörrt. Daneben wurden Kostbarkeiten wie Reis, Rosinen, Mandeln und Pfeffer eingeführt.

Lemgo zählte zu den bedeutenderen Städten des Kölner Quartiers (westfälisch-preußisches Drittel), die — wie Dortmund, Soest, Münster, Osnabrück, Paderborn, Minden und Herford — mit vollem Stimmrecht ausgestattet waren. Die Stadt wurde stets zu den Hansetagen eingeladen und zahlte die stattliche Taxe von jährlich 15 Talern; Bielefeld, Herford und Hameln im Vergleich nur 10 Taler. Ein Schreiben des Hansetages vom 24. Juni 1426 unterstreicht die Bedeutung Lemgos im Hansebund; neben den vier großen westfälischen Hansestädten Dortmund, Soest, Münster und Osnabrück wird Lemgo aufgefordert, seine Kaufleute in Flandern zur Bezahlung für eine dortige neue Niederlassung zu verpflichten. Diese Städte sollten auch die anderen, in ihrer Nähe gelegenen Hansestädte informieren. Lemgo war also eine Art Oberinstanz für benachbarte Mitgliedstädte.

Das zeigt auch ein Beschluß des Hansetages von 1441: danach sollten die Städte Minden, Herford und Hameln vor dem Lemgoer Rat beeiden, daß sie verhindert waren, am Hansetag teilzunehmen. Denn die Besendung der allgemeinen Hansetage war für die Mitgliedstädte Pflicht. Unentschuldigtes Fehlen wurde mit einer Geldstrafe belegt; bei Nichtzahlung drohte der Ausschluß. In diese Situation gerieten die Lemgoer mitten in der Blütezeit ihrer Zugehörigkeit zur Hanse im Jahr 1450. Sie fehlten ohne Entschuldigung beim Hansetag. Die

Strafe: eine Mark Goldes und für zehn Jahre Verlust der Mitgliedschaft, wenn nicht binnen eines Jahres eine Entschuldigung nachgeholt wurde. Doch die Lemgoer erfuhren weder davon noch von der nächsten Tagung in Utrecht. Dort wurde die Stadt Köln mit der Mahnung an Lemgo beauftragt. Die bestürzten Lemgoer reagierten umgehend und schickten ihren Ratsherrn Johann Mestmaker nach Köln, wo er die nötige Entschuldigung vorbrachte.

Gegen Ende des 15. Jahrhunderts wurde das Interesse Lemgos an den Hansetagen geringer. Die wirtschaftliche Interessenlage der Binnenstädte und Seestädte fiel immer stärker auseinander. Dennoch hielt Lemgo an der Hanse fest, bis diese nach 1668 zerfiel.

Wie bei vielen vergleichbaren Städten sank die wirtschaftliche und politische Bedeutung Lemgos nach dem Dreißigjährigen Krieg. Im 19. Jahrhundert wurden die Stadttore und bis auf wenige Reste die Stadtmauer und -befestigung und andere historische Substanz beseitigt. Daß Lemgo 1916 das Recht erbeten und erlangt hat, sich „Alte Hansestadt Lemgo" zu nennen, zeigt das Bemühen, hansische Tradition zu pflegen. Von baulichen Zerstörungen des Zweiten Weltkrieges verschont, haben die Lemgoer schon sehr früh Entscheidendes für die Erhaltung ihres historischen Stadtbildes getan.

Die Altstadt Lemgo ist nach dem für lippische Städte bezeichnenden Grundschema planmäßig angelegt: Drei in Längsrichtung parallel verlaufende Straßenzüge, die durch schmale Querstraßen miteinander verbunden sind, werden im Osten am Ostertor zusammengeführt, wäh-

Rundgang

Orientierungsplan Lemgo

rend sie nach Westen ziemlich stumpf enden. In der Stadtmitte liegt der rechteckige Marktplatz, der sich ganz zur Mittelstraße öffnet. Die oben erwähnte Erweiterung Mitte des 13. Jahrhunderts um die eigenständige (Neu-)Stadt im südlichen Anschluß an die Altstadt führt dazu, daß wir das lippische Grundschema für die Stadtplanung hier gleich doppelt vorfinden.

Bereits um 1330 war das Stadtgebiet mit Ausnahme der größeren Adelshöfe und des Geländes der Kirchen fast vollständig überbaut. Aus dieser Zeit sind jedoch nur die Kirchenbauten St. Nicolai und Marienkirche sowie der älteste Teil des heutigen Rathauses erhalten.

Eine neue, verstärkte bauliche Entwicklung, die zu der noch heute deutlich in Erscheinung tretenden mittelalterlichen Baustruktur und zur Prägung des besonders schönen alten Stadtbildes führte, setzte in Lemgo erst um die Mitte des 16. Jahrhunderts ein. Sie dokumentiert noch heute durch zahlreiche prächtige Bürgerbauten die durch die Hanse hervorgerufene wirtschaftliche Blüte der mittelalterlichen Stadt in hervorragender Weise. Beim Gang durch die Breite Straße und Mittelstraße werden wir mittelalterlichen Bürgerhäusern auf Schritt und Tritt begegnen.

Lemgo, Hexenbürgermeisterhaus Fassadenausschnitt

Lemgo, Hexenbürgermeisterhaus

Wir wollen uns auf einige wenige hervorragende Baudokumente dieser Zeit konzentrieren. Ausgangspunkt soll der große und leicht erreichbare Parkplatz südlich der Breiten Straße sein. Schon bald entdecken wir zu unserer Linken das

1. **Hexenbürgermeisterhaus,** Breite Straße 19
Mit diesem prächtigen Bürgerhaus verbindet sich ein besonders düsteres Kapitel Lemgoer Geschichte.
Bauherr des 1568 erbauten Hauses war der Textilkaufmann und spätere Bürgermeister Hermann Kruwel, sein Baumeister Ludolf Crossmann. 1625 ging das Haus für 1500 Taler an Dietrich Cothmann, dessen Sohn Hermann als Bürgermeister in Zeiten des allgemeinen Hexenwahns im ausgehenden Mittelalter in Lemgo einen traurigen Höhepunkt setzte: Zwi-

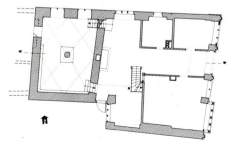

Lemgo, Hexenbürgermeisterhaus, Grundriß Erdgeschoß

schen 1663 und 1682 ließ er etwa 90 Mitbürger wegen Zauberei zum Tode verurteilen. Im Volksmund heißt er daher „Hexenbürgermeister". Die Anlage ist nach dem gotischer Tradition entsprechenden Haustyp als Wohn-, Wirtschafts- und Speichergebäude mit rückwärtig anschließendem Saalbau konzipiert. An beiden Seiten der großen Deele sind zweigeschossig Räume eingebaut, die ebenerdig für Werkstatt, Läden, Kontors und darüber hinaus im Obergeschoß für Wohnzwecke genutzt wurden. Im hinteren Teil des Hauses, einige Stufen höher über einem Kellergewölbe, liegt der große Saal, der für das gemeinschaftliche Leben der Familie und für gesellschaftliche Zwecke und Feste genutzt wurde.

Die großartige, von dem Baumeister Hermann Wulff 1571 überaus reich und aufwendig gestaltete Giebelfront zeigt in den mit Säulen und Figuren geschmückten Einzelteilen außergewöhnlich künstlerisches Gepräge und beweist das große handwerkliche Können der Baumeister in der Renaissancezeit.

Das Gebäude wird heute als städtisches Museum genutzt.

2. **Haus Wippermann,** Kramerstraße 3/5

Das stattliche Steingiebelhaus wurde 1576 von dem Kaufmann Karsten Wippermann erbaut. In der Grundrißaufteilung ähnelt das Haus dem wenige Jahre früher erbauten Hexenbürgermeisterhaus. Die Fassade ist ein bedeutendes Werk

*Lemgo,
Haus Wippermann*

der Spätgotik. Der mächtige Staffelgiebel wird durch Wasserschläge in vier Geschosse unterteilt. Die Giebelstaffeln und der seitliche Erker sind durch Maßwerkaufsätze und Fialen reich geschmückt.

In diesem spätgotischen Steingebäude ist Mitte des 19. Jahrhunderts eine Destillationsanstalt und Essigfabrik eingerichtet worden. 1976 wurde der Brennereibetrieb Wippermann ausgelagert und das Gebäude von der Stadt Lemgo erworben. Nach Auskernung, baulicher Sanierung und weitgehender Wiederherstellung der ursprünglichen Gestalt in den Jahren 1977 – 1979 sind in dem Haus heute das Standesamt und das Verkehrsamt der Stadt untergebracht.

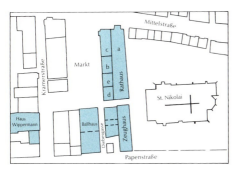

Lemgo, Bebauung des Marktplatzes

3. Rathaus

Das Rathaus ist ein Gruppenbau, dessen verschiedene Bauabschnitte sich auf mehrere Jahrhunderte erstrecken. Der älteste aus dem 14. Jahrhundert erhaltene Teil ist der zum Nicolai-Kirchplatz gelegene lange Saalbau (a). Er markiert auf besondere Weise die enge Verbindung von Hanse und Baukunst, denn er diente anfangs der Gilde der Kaufleute zur Lagerung ihrer Güter und als Markt- und Verkaufshalle. Erst später wurde dieser Saalbau auch für die Versammlungen des Rates genutzt. 1480 entstand der zur Marktseite gerichtete Anbau der sog. „Alten Ratskammer" (b) mit der ebenerdigen, zum Marktplatz offenen Gerichtslaube; hier wurden öffentliche Gerichtssitzungen abgehalten.

In dem 1522 angebauten „Neuen Haus" (Niggehuis) (c) ist seit 1559 die Ratsapotheke untergebracht. Der Bau wurde 1612 mit dem als Glanzstück der Weserrenaissance geltenden Apothekenerker ausgestaltet.

In einem weiteren Bauabschnitt entstand 1589 die „Neue Ratsstube" (d) und das Wohnhaus für den Pächter des städtischen Weinkellers, das sog. „Winteppenhaus" (e).
Der Vorbau an der Mittelstraße vor dem Nordportal des Rathauses, die sog. „Ratslaube", stammt von dem berühmten Lemgoer Baumeister Hermann Wulff (1565), während die darüber im Obergeschoß aufgesetzte „Kornherrenstube" 1589 von Georg Crossmann gestaltet wurde.

4. **Ballhaus,** Markt 1

Früher standen an dieser Stelle zwei Häuser, die von den Eigentümern 1549 als Wohn- und Wirtschaftsgebäude um- und ausgebaut wurden. Anfang des 17. Jahrhunderts erwarb die Stadt Lemgo die Häuser, die 1608/09 zusammengelegt und im ganzen zu einem Tanzhaus umgebaut wurden. Der Saal diente noch bis ins 19. Jahrhundert für Festlichkeiten und größere Versammlungen. Später wurde das Haus für städtische Bürozwecke genutzt. 1974/75 ist eine totale Auskernung und bauliche Sanierung und Restaurierung des Hauses vorgenommen und das Kellergeschoß für die ursprüngliche Nutzung des Hauses wiederhergerichtet worden.

Lemgo, Ballhaus

Lemgo, Zeughaus

5. **Zeughaus,** Papenstraße 9
Das 1548 erbaute, langgestreckte, einfache Gebäude diente der Stadt im Mittelalter als Waffenmeisterei und für die Lagerung von Waffen und Geschützen. Der Dachboden wurde vorübergehend auch als Kornboden der Stadt genutzt. Das Gebäude ist 1976 unter denkmalpflegerischer Obhut gründlich durchgebaut und in seiner äußeren Form restauriert worden. Seither sind dort Teile der städtischen Büroverwaltung untergebracht.

Hinweise

Das Verkehrsamt im Haus Wippermann, Kramerstraße 3/5, hält umfangreiches Informationsmaterial zur Stadtbesichtigung bereit; besonders empfehlenswert ist der Rundgang „Eine Stunde Lemgo". Dabei werden neben kirchlichen Bauten weitere mittelalterliche Bürgerbauten und Adelshöfe aufgezeigt, die im Rahmen der erhaltenden Erneuerung des historischen Stadtbildes in den vergangenen Jahren denkmalpflegerisch sorgfältig restauriert und — heutigem Bedarf entsprechend — für öffentliche Nutzungen, Wohn- und Geschäftszwecke ausgebaut wurden.

Weitere Informationen über St. Nicolai, St. Marien und das Rathaus enthält die Route „Reformation und Gegenreformation" der Reihe „Geschichtsnahe Erholung im und am Teutoburger Wald".

Das Städtische Museum im Hexenbürgermeisterhaus, Breite Straße 19, ist geöffnet:
Di.—Fr. u. So. 10—12.30 Uhr, 13.30—17 Uhr,
Sa. 10—13 Uhr.

Herford

Auf dem Weg von Lemgo zu unserer nächsten Station Minden lohnt sich ein Abstecher nach Herford, das 1989 immerhin 1200 Jahre alt geworden ist und ebenfalls Mitglied der Hanse war. Noch heute streiten sich die Gelehrten, ob Herford oder Lemgo die bedeutendere Stellung im Hansebund hatte. Was die Zeugnisse aus der Hansezeit angeht, hat das Blatt der Geschichte zugunsten Lemgos entschieden. Einige noch erhaltene Bürgerhäuser des 16./17. Jahrhunderts dürfen als Zeugen für die Blüte Herfords als Hansestadt herangezogen werden. Sie lohnen ebenso einen Besuch wie das Herforder Münster, mit dessen Bau 1220 begonnen wurde. Das Herforder Münster gilt als der erste große Hallenkirchenbau in Westfalen, ein Bautyp, der ja besonders im hansischen Raum verbreitet war.

Von Herford aus gelangen wir am besten über die Autobahn Köln–Hannover nach Minden. Wer jedoch eine landschaftlich reizvolle Fahrstrecke bevorzugt, möge direkt von Lemgo durch das Kalletal und an der Weser entlang über Vlotho auf unsere letzte Station Minden zusteuern.

Herforder Münsterkirche

Minden

Geschichte

Die strategisch günstige Lage an der Weser, wo sich an einer gut passierbaren Furt wichtige Nord-Süd- und Ost-West-Verbindungen kreuzten, hat wohl dazu beigetragen, daß Karl der Große Minden zum Bischofssitz bestimmte. Die Voraussetzungen für die Entwicklung einer Handwerker- und Kaufmannssiedlung waren also gut. Sie wurden durch das Markt-, Münz- und Zollrecht, das Kaiser Otto II. dem Mindener Bischof Milo 977 verlieh, deutlich verbessert. 1232 regelte Bischof Konrad von Minden den Tuchverkauf in der Stadt sowie das Recht der Stadt, Wochenmarkt abzuhalten.

Dies zeigt zwar einerseits die Abhängigkeit der Bürger und Händler vom Bischof als Stadtherrn, was nicht ohne Konflikte blieb, beflügelte aber andererseits den Handel. Schon bald erwies es sich als notwendig, zum Schutz der Kaufleute gemeinsam mit Münster, Osnabrück und Herford im sogenannten Ladberger Vertrag 1246 den ersten westfälischen Städtebund zu gründen. Zahlreiche andere Städteverbindungen folgten, bis Minden im Zuge der Rechtsstreitigkeit um das Hansekontor in Nowgorod 1295 erstmals als Mitglied der Hanse urkundlich erwähnt wird. Auf Hansetagen erschien Minden allerdings nur — wie andere Mitgliedstädte auch —, wenn nach der Tagesordnung eigene Interessen berührt oder wenn ihm Maßregeln bei Fernbleiben angedroht wurden. Auch wenn Minden ein eher passives Mitglied der Hanse blieb, brachten die kommenden drei Jahrhunderte der Hansezugehörigkeit stetigen Aufschwung von Handel und Gewerbe, wachsenden Wohlstand und die Stärkung des städtischen Bürgersinns.

Dies verstärkte aber auch die Konfliktsituation zwischen den Städten und ihren Landesherren, in Minden also zwischen dem bischöflichen Stadtherrn und dem Rat der Stadt Minden. 1476 wird dies exemplarisch deutlich. Das Fernbleiben der Mindener bei der Hansetagung wurde zunächst durch ein Schreiben des Mindener Bischofs Heinrich entschuldigt. Mit einwöchiger Verspätung erschienen dann aber doch zwei Mindener Ratsherren: die Ratsendeboten Albrant van Letelen und Mauricius von der Ucht. Offensichtlich hatte der Bischof befürchtet, daß ein auf dem Hansetag verhandeltes Schutzabkommen auch das Verhältnis Mindens zu seinem Stadtherrn betraf. Erst nach-

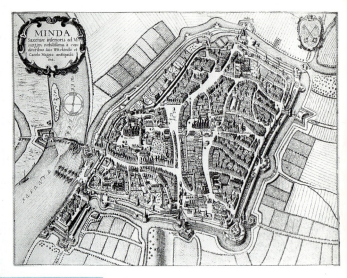

Minden aus der Vogelschau: Kupferstich von Wenzel Hollar 1657

dem der Rat ihn davon überzeugt hatte, daß seine Befürchtungen grundlos waren, durften seine Vertreter teilnehmen und vor dem Hansetag versichern, daß „ere gnedige here der stede vrund" sei.

Vor allem in der zweiten Hälfte des 15. Jahrhunderts klagte Minden — wie andere westfälische Hansestädte — über den geringen Nutzen, den ihm die Hanse bringe. Nun, so gering konnte er nicht immer gewesen sein, wie sich am Streitfall um die Mindener Schicht, einen innerstädtischen Kampf von Bürgergruppen (1405 bis 1407), zeigte. Nachdem die Stadt die Schiedssprüche des Oberhofes Dortmund und der vom königlichen Hofgericht beauftragten Stadt Osnabrück zurückgewiesen hatte, wurde die Reichsacht über sie verhängt, ohne daß dies ihre Haltung veränderte. Daraufhin wandte sich die Gegenpartei des Mindener Rates unter Rikmar van Bucken an die Hanse, die sodann Lübeck, Hamburg und Lüneburg zu Schiedsrichtern bestellte. Die Stadt Minden wurde zur Annahme des Schiedsspruches verpflichtet. Für den Fall der Nichtbefolgung drohte als Strafe der Ausschluß aus der Hanse und der Verlust aller Rechte der hansischen Kaufleute. Die Stadt akzeptierte nunmehr den Schiedsspruch. Die Folgen der „Verhansung" schienen demnach durchgreifender zu sein als die Reichsacht.

Der zweite größere Mindener Konflikt, der die Hanse beschäftigte — der Minden-Bremer Schiffahrtsstreit — ist dagegen eher geeignet, die kritische Einschätzung Mindens über den

Nutzen der Hanse für die Binnenstädte zu stützen. Er entstand, als Bremen 1498 den Mindener Kaufleuten und Schiffern die freie Durchfahrt an Bremen vorüber verweigerte. Die Reaktion Mindens: Gegenüber Bremer Schiffern und Kaufleuten wurde das Stapelrecht für Holz und Getreide (das ist der Zwang, die Waren für drei Tage im Mindener Hafen zum Verkauf stellen zu müssen) mit besonderem Nachdruck angewandt. Zwar hatte der Hansetag, 1511 durch Minden angerufen, Bremen empfohlen, die Behinderung der Schiffahrt aufzugeben, jedoch ohne Erfolg. Erst 1769 wurde der Konflikt durch einen Vergleich vor dem Reichskammergericht beigelegt.

In der Blütezeit der Hanse zwischen 1400 und 1550 entstanden in Minden — auch infolge der allmählichen Verbreitung und günstigen Anwendung des Ziegelbaus — zahlreiche Backsteinbürgerbauten, vornehmlich für die wohlhabende Kaufmannschaft. Damit erhielt Minden das mittelalterliche Gepräge einer Hansestadt.

1. Das bedeutendste Beispiel der spätgotischen Backsteinbauweise zur Hansezeit ist das sog. **Hansehaus, Papenmarkt 2.** Dieses Haus, 1547 erbaut; vermittelt nach der 1971 vorgenommenen Restaurierung noch heute den Eindruck des hier im Mittelalter üblichen Großraumhauses, das gleichzeitig als Wohnung, Speicher, Werkstatt und Stallung dienen konnte. Die im Erdgeschoß durchgehende Halle ist von zwei Giebelseiten belichtet und mit einer offenen Herdstelle ausgestattet. In der Mitte der Deele

Rundgang

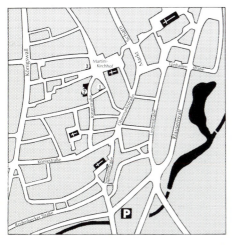

Orientierungsplan Minden
1. Hansehaus
2. Museumszeile
3. Alte Münze

Minden, „Hansehaus", Papenmarkt 2

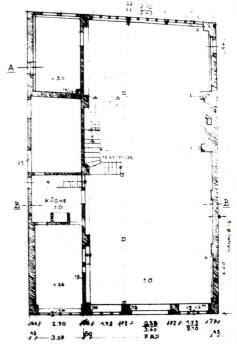

Minden, Erdgeschoßgrundriß des Hansehauses

ist ein Aufzug erhalten, mit dem die Waren durch alle Geschosse bis zum Dachboden befördert werden konnten. Das in schlichten Formen gestaltete Äußere ist an der Straßenfront im Erdgeschoß durch ein großes, rundbogiges Eingangs-/Einfahrtstor für die Warenlieferung und zwei daneben angeordnete große Steinkreuzfenster gegliedert. Die darüberliegenden Speichergeschosse mit gestaffeltem Giebel zeigen die um diese Zeit beim Backsteinbau übliche vertikale Gliederung durch gemauerte Lisenen.

An der Westseite des Hauses ist 1628 ein schmaler Renaissanceanbau erfolgt, der als neuer Wohnteil ausgebildet wurde und zur Straßenseite einen Erker erhielt. Das Haus Papenmarkt 2 wird heute als Heimatmuseum genutzt.

2. Bei wissenschaftlichen Untersuchungen und im Rahmen der baulichen Sanierung und Restaurierung der Häuser in der sog. **"Mindener Museumszeile"** hat sich herausgestellt, daß es sich auch hier um ehemalige Backsteinbürgerhäuser des 15./16. Jahrhunderts handelt. Nach örtlichen Befunden war das Haus **Ritterstr. 23** — ähnlich wie das Haus Papenmarkt 2 — ursprünglich ein Einraumhaus; die Mauern aus Backstein im damals üblichen Klosterformat sind heute unter Putz verborgen. Aufgrund frü-

*Minden,
Alte Münze*

herer Bodenuntersuchungen ist der Bau bereits Ende des 15. Jahrhunderts entstanden. Das Haus ist jedoch entsprechend den erhöhten Wohnbedürfnissen und den gewachsenen Repräsentationsansprüchen der Bürger 1575/80 durch Einbau von Kleinräumen im Innern verändert und äußerlich durch den Ausbau der zweistöckigen Auslucht in Formen der Renaissance mit Tugendfiguren umgestaltet worden.

3. Die gleiche Grundkonzeption und spätere Veränderungen weist auch das Haus **Ritterstraße 29** auf, dessen ursprüngliche Fassade 1572 total verändert und im Bruchsteinmauerwerk mit Fachwerkgiebel und Erker neu ausgeführt wurde. Vermutlich verbergen sich noch in vielen anderen Häusern der Mindener Innenstadt ehemalige Backsteinbürgerhäuser aus der Hansezeit.

4. Die frühe Verleihung des Münzrechts hat für die Entwicklung Mindens als Kaufmannssiedlung eine wichtige Rolle gespielt. Die **"Alte Münze"** am Martinikirchhof/Ecke Brüderstraße gilt als das älteste Steinhaus Mindens und ist im Kern romanisch. Staffelgiebel und Maßwerkfenster an den Fronten zur Brüderstraße und Kampstraße sind Ende des 13. Jahrhunderts —

also in der Hansezeit — entstanden. Renaissance-Erker und großer Torbogen an der Giebelfront führten zu weiteren Veränderungen der ursprünglichen Gestalt des Hauses.

Weitere Sehenswürdigkeiten: Dom, St. Martini, St. Marien, St. Simeon, historisches Rathaus, guterhaltene mittelalterliche Stadtviertel in der Oberstadt mit Bürgerhäusern aller Sozialschichten ab dem 15. Jahrhundert, kleinteilige historische Bauten in der Umgebung von St. Johannis. Sog. „Fischerstadt" (ältester Stadtteil Mindens), Museum.
Auskünfte: Verkehrs- und Werbeamt,
Großer Domhof 3, 4950 Minden,
Tel. (05 71) 8 93 85, 8 94 00.
Öffnungszeiten: Mo. – Do. 8.00 – 13.00 Uhr und 14.00 – 17.00 Uhr, Fr. 8.00 – 13.00 Uhr.
Großparkplatz für Busse und Pkw:
Kanzlers Weide an der Weser,
Pkw-Tiefgarage am Rathaus.

Weitere Informationen zu Minden enthält die Route „Preußen in Ostwestfalen" der Reihe „Geschichtsnahe Erholung im und am Teutoburger Wald".

Hinweise

Minden, Ritterstraße, sog. „Museumszeile"

Bildnachweis, Skizzen und Fotos:

Christina Gläntzer, Bielefeld
6 (oben), 21, 31, Routenkarte
Stadt Minden
30, 33
Fotoatelier Pfleiderer, Minden
34/35
Karlheinz Sundermann, Detmold
8/9, 10, 11, 25
Stadt Warburg
2/3, 4/5, 12, 13
Westfälisches Amt für Denkmalpflege
6, 14, 15, 16, 18/19, 22, 23 (oben)
23 (unten), 24, 26, 27, 28, 32 (oben)

Hinweise auf weitere Routen:

Germanen und Römer	Frühjahr 1989
Sachsen und Franken	Herbst 1987
Nonnen, Mönche, Mittelalter	Frühjahr 1988
Stadt- und Dorfgründungen	Herbst 1989
Reformation und Gegenreformation	Frühjahr 1988
Landesherrschaften	Herbst 1989
Preußen in Ostwestfalen	Herbst 1989
Erweckung und Diakonie	Frühjahr 1989
Industrialisierung	Herbst 1989
Bäder, Parks und Gärten	Herbst 1989